いちかの おでかけメモ

でかける 前に、もっていくものと
よていを かいてみましょう。

✏️ ファミレスへ もっていくもの

- ☑ ハンカチ
- ☑ おさいふ

✏️ おでかけの 日の よてい

午前7時………おきる、顔を あらう
午前7時半……朝ごはん
午前8時半……歯を みがく
午前9時………妹と あそぶ
午前11時……もちものを じゅんびする
午前11時半…車に のって 出発！

すべての人に読書を
ポプラ社のLLブック

ファミレスへ いこう

写真・文：キッチンミノル　　監修：野口武悟（専修大学教授）

いちかは　家族で　ファミレスへ
やってきました。

ポプラ社

「いらっしゃいませー！
何名さまですか？」
店員さんが 声を かけて くれました。
「4人です」と 妹の あゆかが
少し きんちょうして
言いました。

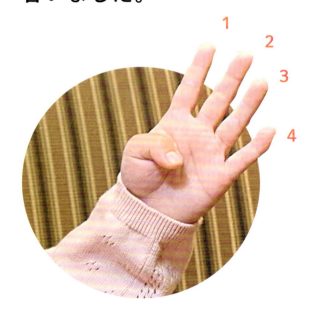

 →  →

いちかと　　　　はいる　　　　ふぁみれす
あゆか

どれも
おいしそう！

テーブルに つくと、さっそく
メニューを ひらきます。
「何を 食べようかな？」

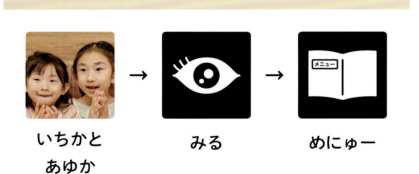

いちかと　　　　みる　　　　めにゅー
あゆか

★ メニュー ★

ハンバーグ

オムライス

ピザ

パスタ

ドリア

ハンバーガー

フライドポテト

パフェ

プリンアラモード

パンケーキ

ハンバーグに　オムライス、そして　パフェや　パンケーキ。
メニューには　おいしそうな　料理が　たくさん！

ふぁみれす　　　りょうり　　　いろいろ

いちかは ドリア、あゆかは
ハンバーグを 食べることに
しました。
デザートも わすれずに。
タブレットたんまつに 注文を
入力します。
「ドリンクバーも たのもうか」
お母さんが 言いました。
「わあい、やった！」
いちかは よろこびました。

 →  →

いちかと　　　ちゅうもん　　　りょうり
あゆか

ドリンクバーには　ジュースや
お茶、コーヒーなどの
飲みものが　たくさん
あります。
注文すると、じゅうに
おかわりすることが　できます。

どりんくばー　　じゅーす　　いろいろ

ドリンクバーは 大人気。

いちかと あゆかは じゅんばんを まちながら、「何を 飲もうかな？」と かんがえます。

いちかと
あゆか

→

ならぶ

→

どりんくばー

ふたりの 番(ばん)に なりました。
あゆかは コップを おいて ボタンを おします。
どぼどぼどぼ〜。

たんたんたーん、
たんたんたーん!
ふたりが　せきに　もどると、
音楽が　聞こえて　きました。
ねこロボットが　料理を　のせて
テーブルに　むかってきています!

 →  →

ねころぼっと　　　はこぶ　　　りょうり

「わあ、おいしそう！　早く　食べたい！」
ハンバーグからは　ゆげが　出ています。

はんばーぐ　　おいしそう

みんなで、手を あわせて

「いただきます！」

→

いちかと　　　いただきます
あゆか

「これ、とっても おいしいよ」
「ハンバーグ ひとくち ちょうだい」
家族で おいしい 料理を 食べながら、
楽しい 時間を すごします。

いちかと あゆか → たのしい

ドリアを 食べおわると、デザートの
パフェが やってきました。
「そうそう、これこれ！」
ふたりは ぱくぱく 食べました。

 →  →

いちかと　　　　たべる　　　でざーと
あゆか

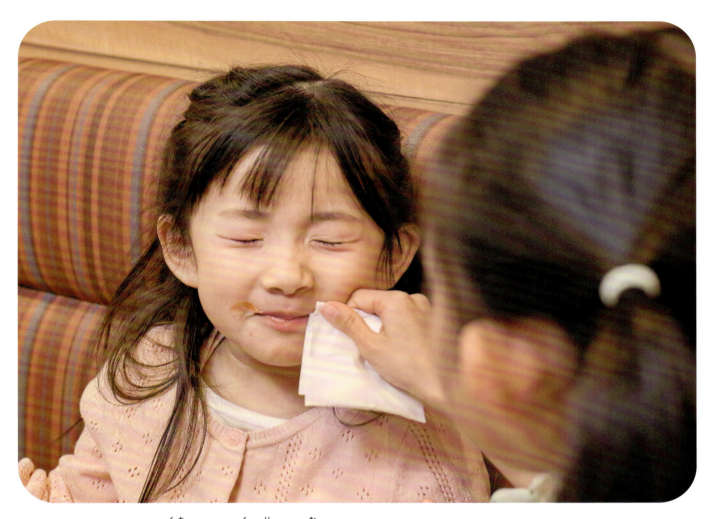

「あゆか、口に クリームが ついているよ」
いちかは テーブルに あった 紙ナプキンで
口を ふいてあげました。

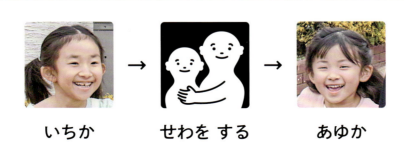

いちか　　せわを する　　あゆか

「ごちそうさまでした！」

 →

いちかと
あゆか

ごちそうさま

ありがとう
ございました！

「さあ、お会計をして　帰ろうか」
と　お父さん。
「わたし、やってみたい！」
いちかは　お父さんに
教えてもらいながら、
しはらいを　すませました。

　→　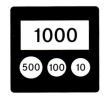

いちか　　　　かいけい

「ああ、おいしかった！
今度は ピザを 食べたいな」
いちかは おなかを さすりながら
もう 次に 食べたいものを
かんがえています。
みんなで また
ファミレスに 来るのが
今から 楽しみです。

 →

いちかと　　　　まんぞく
あゆか

お店での 食事の しかた

① お店に 入る

お店の 人に せきへ
あんないして もらおう。

② 料理を たのむ

メニューを 見て
食べたい ものを 注文しよう。

④ 料理を 食べる

おいしく 楽しく
料理を 食べよう。

⑤ 料理を 食べおわる

ごちそうさま
でした！

「ごちそうさまでした」と
あいさつを しよう。

ファミレスなどの お店で 食事を するときは、
どんなふうに すごすのかな？
どんなことに 気をつければ よいのかな？

タブレットたんまつなどに
注文を 入力する 場合も おおい。
やりかたが わからなかったら
お店の 人に 聞こう。

③ 料理が 来る

おしぼりで 手を ふいてから
「いただきます」！

⑥ 会計を する

レジで お店の 人に
料理の 代金を しはらおう。

きかいで 会計を する
場合も ある。
やりかたが わからなかったら
お店の 人に 聞こう。

障がいの有無や国籍に関わらず
だれもが読める LL ブック

LL ブックの「LL」は、スウェーデン語で「やさしい文章でわかりやすい」を意味する Lättläst をちぢめたものです。「わかりやすさ」へのニーズが高い、知的障がいのある人や日本語を母語としない人などをメインの読者として想定していますが、だれもが読むことができます。LL ブックの特徴としては、

● 写真などで、内容を具体的に表している
● 短く、やさしい日本語表現の文章で書かれている
● すべての漢字、カタカナにふりがながついている
● 文章の意味の理解を助けるピクトグラムがついている

このような点をあげることができます。文部科学省の「学校図書館ガイドライン」（2016 年）では、LL ブックの整備を勧めています。障がいのある人をふくめ、だれもが読書の権利をもっています。その権利を保障し、社会参加に必要な知識や情報を得る助けとなるのが LL ブックなのです。

　このシリーズは、読者に外出の楽しさを感じてもらうこと、また、外出先でのマナーや施設の利用方法について知ってもらうことをめざしてつくられています。本書は、家族での楽しい食事のひとときをえがいています。おいしいものを前にすると、会話がはずみ、時がたつのもわすれてしまいます。しかし、食事には知っておきたいマナーやルールもあります。これらを学べるように、この本はつくられています。飲食店で外食する前に、ご家庭や学校で、この本をぜひ活用してほしいと思います。

　すべての学校図書館や地域の図書館に LL ブックが整備され、だれもが利用できるようになることを願っています。

専修大学教授　野口武悟

写真・文：キッチンミノル

しゃしん絵本作家。アメリカ合衆国生まれ。18歳の時に噺家を目指すも挫折。法政大学でカメラ部に入部し、卒業後は不動産販売会社で営業を経験する。写真家・杵島隆に写真を褒められ、その気になって写真の道へ。身の回りにある面白い事象を多くの人と共有するべく、日々しゃしん絵本の構想を練っている。最新刊に『ひこうきがとぶまえに』（TEXAS BookSellers）や『たいせつなたまご』（白泉社）などがある。

監修：野口武悟（のぐちたけのり）

専修大学文学部教授、放送大学客員教授。博士（図書館情報学）。専門は、読書バリアフリー、子どもの読書など。第8回JBBY賞などを受賞したLLブックシリーズ「仕事に行ってきます」（埼玉福祉会出版部）の監修などを手がける。主な著書に『読書バリアフリーの世界：大活字本と電子書籍の普及と活用』（三和書籍）などがある。

撮影協力：すかいらーくホールディングス（Café レストラン ガスト）

モデル：いちか、あゆか、やすお、きよこ
協力：生井恭子（東京都立鹿本学園教諭）
本文イラスト：磯村仁穂
本文・装丁デザイン：倉科明敏（T.デザイン室）
編集制作：中根会美（303BOOKS）

すべての人に読書を　ポプラ社のLLブック②
ファミレスへいこう

発行	2025年4月　第1刷
写真・文	キッチンミノル
監修	野口武悟
発行者	加藤裕樹
編集	小林真理菜
発行所	株式会社ポプラ社
	〒141-8210　東京都品川区西五反田3-5-8
	JR目黒MARCビル12階
	ホームページ　www.poplar.co.jp（ポプラ社）
	kodomottolab.poplar.co.jp（こどもっとラボ）
印刷・製本	株式会社C&Cプリンティングジャパン

Printed in China　ISBN978-4-591-18414-1 / N.D.C. 673 / 32P / 27cm
©Kitchen Minoru 2025
P7255002

落丁・乱丁本はお取り替えいたします。
ホームページ（www.poplar.co.jp）のお問い合わせ一覧よりご連絡ください。

本書のコピー、スキャン、デジタル化等の無断複製は著作権法上での例外を除き禁じられています。本書を代行業者等の第三者に依頼してスキャンやデジタル化することは、たとえ個人や家庭内での利用であっても著作権法上認められておりません。

家に 帰ったら……

① 手を あらおう

家に 帰ってきたら、
すぐに せっけんを
つかって 手を あらう。
つめの 先や、ゆびの 間も
きれいに してね。

② うがいを しよう

手を あらったら、
うがいを する。
うがいを して、
のどに ついた きんを
あらいおとそう。